마법한글딱지

한글연습

⑤ 복잡한 모음

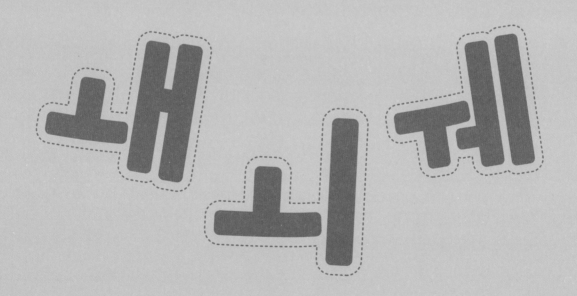

재미씨

 # 이 책의 구성

이 책은 비슷한 소리의 복잡한 모음끼리 묶어 배우고
다양한 활동으로 재미있게 연습하도록 구성되어 있습니다.

비슷한 소리끼리 묶어 배우기

ㅐ	ㅔ	ㅒ	ㅖ	ㅙ	ㅚ	ㅞ
개	게	걔	계	괘	괴	궤
내	네	냬	녜	놰	뇌	눼
대	데	댸	뎨	돼	되	뒈
래	레	럐	례	뢔	뢰	뤠

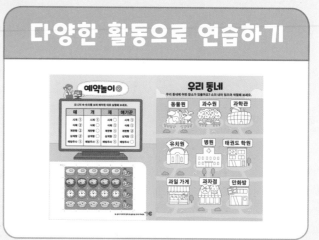

다양한 활동으로 연습하기

5단계의 한글 학습 과정 중, 5권은 헷갈리는 **복잡한 모음**을 정확히
구분하여 읽고 쓰게 할 목적으로 개발되었습니다.

┌ 낱자의 소리를 익히는 기본 완성 단계 ┐ ┌ 소리를 합쳐 글자를 읽는 원리를 배우고 적용하는 단계 ┐

| 1권 자음 쌍자음 | 2권 모음 | 3권 받침 없는 글자 | 4권 받침 겹받침 | **5권 복잡한 모음** |

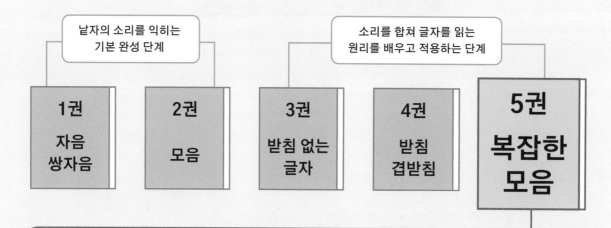

✔ 복잡한 모음 11자를 [ㅐ, ㅔ], [ㅒ, ㅖ], [ㅙ, ㅚ, ㅞ], [ㅘ, ㅝ], [ㅟ, ㅢ]
  비슷한 소리의 모음끼리 묶어서 배웁니다.

✔ 복잡한 모음이 같은 낱말끼리 모아서 양쪽 페이지로 나누어 구별하여 배웁니다.

✔ 실생활과 초등 교과 과정에 많이 쓰이는 낱말을 위주로 배웁니다.

✔ 실생활에서 바로 사용할 수 있도록 학습한 글자를 놀이로 활용해 봅니다.

✔ 두 단원마다 배운 내용을 정리하고 실력을 점검합니다.

이 책의 특징

✔ 비슷한 소리끼리 묶어 배워요!

비슷한 소리의 모음끼리 묶어 배우면 발음의 미세한 차이를 분명하게 알게 됩니다.

소리가 비슷한 걸 아니까 낱말에 맞게 쓰는 것에 집중하게 되어 복잡한 모음 글자를 빨리 배우게 됩니다.

✔ 다양한 활동으로 익혀요!

제2의 뇌인 손! 손으로 조작하는 활동은 배운 내용을 오래 기억하게 합니다. 오리고 붙이고 쓰고 색칠하는 다양한 활동으로 복잡한 모음을 연습합니다.

아는 것과 모르는 것을 스스로 인지할 수 있는 메타인지 퀴즈로 글자를 정확히 익히고 넘어 갑니다.

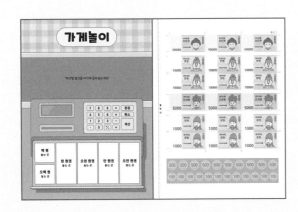

✔ 놀이로 적용해요!

단원의 마무리마다 아이들이 좋아하는 실생활 놀이로 복잡한 모음을 재미있게 사용해 봅니다.

📖 이 책을 보는 방법

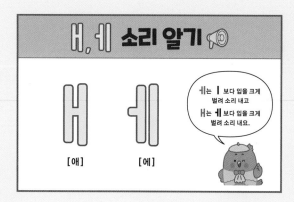

① 비슷한 소리끼리 묶어 배워요.

비슷한 소리의 모음끼리 묶어 배우면 미세한 발음의 차이를 뚜렷이 알게 됩니다.

소리의 차이를 알고 낱말에 맞게 쓰는 것에 집중합니다.

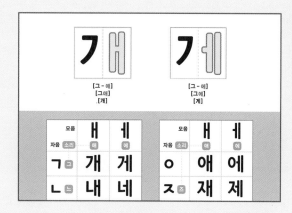

② 글자 읽는 방법을 배워요.

자음과 모음의 소리를 합쳐 글자 읽는 방법을 배우고 비슷한 소리의 글자끼리 읽는 연습을 합니다.

③ 같은 모음의 낱말끼리 구별해서 익혀요.

같은 복잡한 모음을 가진 낱말끼리 양 페이지로 구별해서 읽습니다.

발음은 비슷하지만 낱말에 맞게 써야 하는 복잡한 모음을 한 눈에 보면서 확실하게 기억합니다.

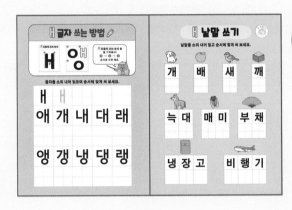

❹ 바른 순서로 또박또박 써요.

순서에 맞게 쓰는 방법을 배우고 낱자부터 낱말까지 차례대로 써 봅니다. 단계적 쓰기를 통해 글자를 획순에 맞춰 균형 있게 쓰는 법을 익히게 됩니다.

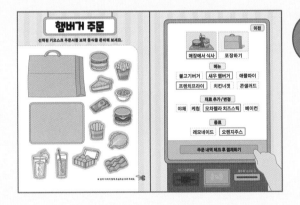

❺ 실생활 놀이로 연습해요.

복잡한 모음을 재미있는 실생활 놀이로 연습합니다. 생활 속에서 자주 접하는 낱말로 구성되어 있어 한글에 자신감이 생깁니다.

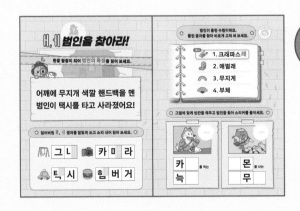

❻ 최종 복습으로 완벽히 마무리해요.

문장 읽기, 빈칸 채우기, 틀린 글자 고쳐 쓰기 등 다양한 활동으로 아는 글자는 확실히! 부족한 글자는 다시 복습하며 완벽하게 복잡한 모음을 마무리합니다.

복잡한 모음

ㅐ 애 [애]　ㅔ 에 [에]

ㅒ 얘 [얘]　ㅖ 예 [예]

ㅙ 왜 [왜]　ㅚ 외 [외]　ㅞ 웨 [웨]

발음이 비슷하니까 잘 구별해서 써야겠어!

⭐ 글자를 크게 소리 내어 읽는 것이 가장 효과적인 한글 떼기 방법이에요! ⭐

복잡한 모음을
비슷한 소리의 모음끼리 묶어 배우면
복잡한 모음을 쉽고 빠르게
읽을 수 있어요!

복잡한 모음의
이름과 **[소리]**를
크게 읽어 보세요!

와 [와]

워 [워]

위 [위]

의 [의]

ㅐ, ㅔ 모음

ㅐ, ㅔ 소리 알기 📣

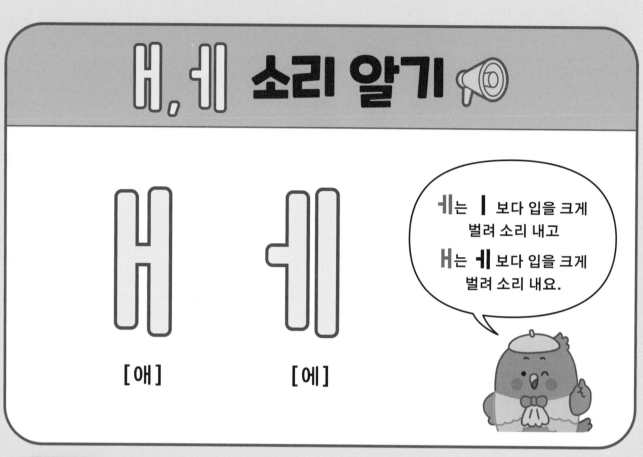

ㅐ

[애]

ㅔ

[에]

ㅔ는 ㅣ 보다 입을 크게 벌려 소리 내고
ㅐ는 ㅔ 보다 입을 크게 벌려 소리 내요.

교육 tip ㅣ→ㅔ→ㅐ 순서로 소리 내어 보면 입이 점점 크게 벌어지며 발음된다는 것을 알 수 있어요!

한 글자씩 소리 내어 읽고 ㅐ는 ⭕, ㅔ는 🔺를 표시해 보세요.

교육 tip ㅐ, ㅒ / ㅔ, ㅖ 처럼 획이 곧거나 구부러져도 같은 글자예요!

ㅐ, ㅔ 글자 읽는 방법

자음의 소리와 ㅐ, ㅔ 모음의 소리를
점점 빠르게 합쳐 읽어요.

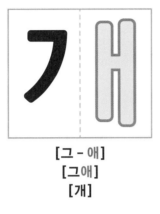

[그 - 애]
[그애]
[개]

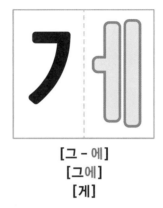

[그 - 에]
[그에]
[게]

ㅐ, ㅔ 소리의 차이를 비교하며 크게 읽어 보세요.

모음	ㅐ	ㅔ
자음 소리	애	에
ㄱ 그	개	게
ㄴ 느	내	네
ㄷ 드	대	데
ㄹ 르	래	레
ㅁ 므	매	메
ㅂ 브	배	베
ㅅ 스	새	세

모음	ㅐ	ㅔ
자음 소리	애	에
ㅇ	애	에
ㅈ 즈	재	제
ㅊ 츠	채	체
ㅋ 크	캐	케
ㅌ 트	태	테
ㅍ 프	패	페
ㅎ 흐	해	헤

교육 tip ㅇ은 초성에 쓰일 때 소릿값이 없어서 '애, 에'는 모음만 읽으면 돼요.

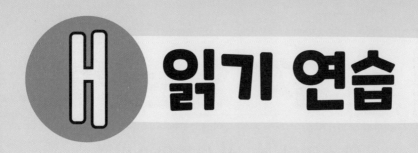 ㅐ 읽기 연습

ㅐ와 ㅔ는 발음이 비슷해서 받아쓸 때에 헷갈리는 경우가 많아요.
낱말을 소리 내어 읽고 보기 처럼 ㅐ 모음을 찾아 ⭕ 해 보세요.

보기
 개

 배

 개미

 고래

 빨래

 지우개

 찌개

 색종이

 책

 해바라기

교육 tip 이번 단원을 여러 번 읽어 보세요. ㅐ, ㅔ 낱말을 구별하여 익히는데 큰 도움이 돼요.

 읽기 연습

낱말을 소리 내어 읽고 [보기]처럼 ㅔ 모음을 찾아 △ 해 보세요.

보기
 게

 가게

 그네

 네모

 세모

 케이크

 카레

 크레파스

낱말을 소리 내어 읽고 ㅐ는 ◯, ㅔ는 △ 표시해 보세요.

 베개

 애벌레

11

낱말 읽기

낱말을 읽고 낱말에 알맞은 스티커 를 찾아 붙여 보세요.

금메달	메뚜기	앵무새
스티커	스티커	스티커

가려진 글자는 무엇일까요? 알맞은 글자를 찾아 이어 보세요.

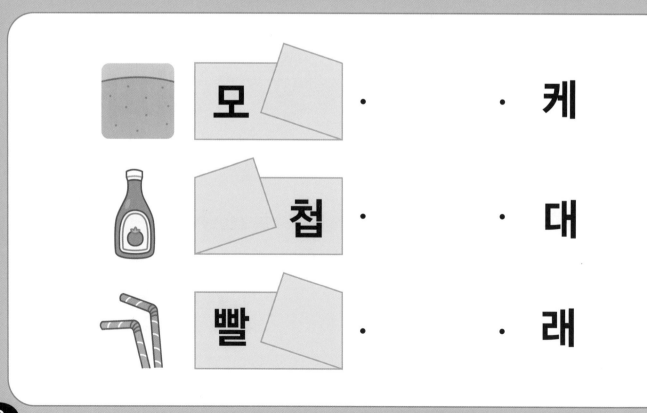

바르게 쓴 낱말에  하고 큰 목소리로 읽어 보세요.

| 개 | 게 | 찌게 | 찌개 | 배게 | 베개 |

낱말을 읽고 서로 어울리는 표현끼리 선으로 이어 보세요.

해 · · 개굴개굴

매미 · · 쨍쨍

개구리 · · 맴맴

ㅐ 글자 쓰는 방법 ✏️

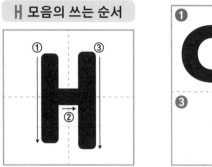

ㅐ 모음의 쓰는 순서

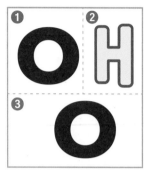

ㅐ 모음의 쓰는 순서 를
잘 기억해서!
① → ② → ③
순서로 쓰면 돼요.

글자를 소리 내어 읽으며 순서에 맞게 써 보세요.

ㅐ	ㅐ			
애	개	내	대	래
앵	갱	냉	댕	랭

14

ㅐ 낱말 쓰기

참 잘했어요!

낱말을 소리 내어 읽고 순서에 맞게 써 보세요.

| 개 | 배 | 새 | 깨 |

| 늑 대 | 매 미 | 부 채 |

| 냉 장 고 | 비 행 기 |

ㅔ 글자 쓰는 방법

ㅔ 모음의 쓰는 순서

ㅔ 모음의 쓰는 순서 를 잘 기억해서!
① → ② → ③ 순서로 쓰면 돼요.

글자를 소리 내어 읽으며 순서에 맞게 써 보세요.

ㅔ	ㅔ			
에	게	네	데	레
엥	겡	넹	뎅	렝

낱말 쓰기

낱말을 소리 내어 읽고 순서에 맞게 써 보세요.

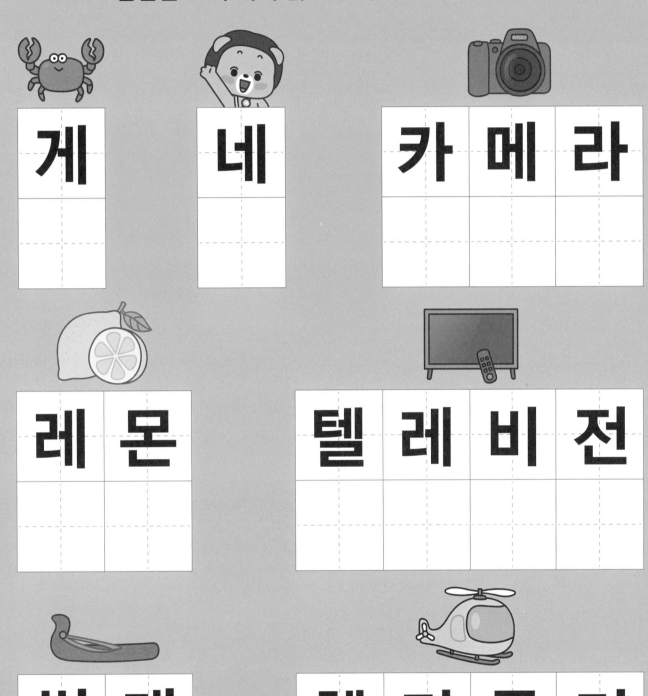

게

네

카 메 라

레 몬

텔 레 비 전

썰 매

헬 리 콥 터

햄버거 주문

선택된 키오스크 주문서를 보며 음식을 준비해 보세요.

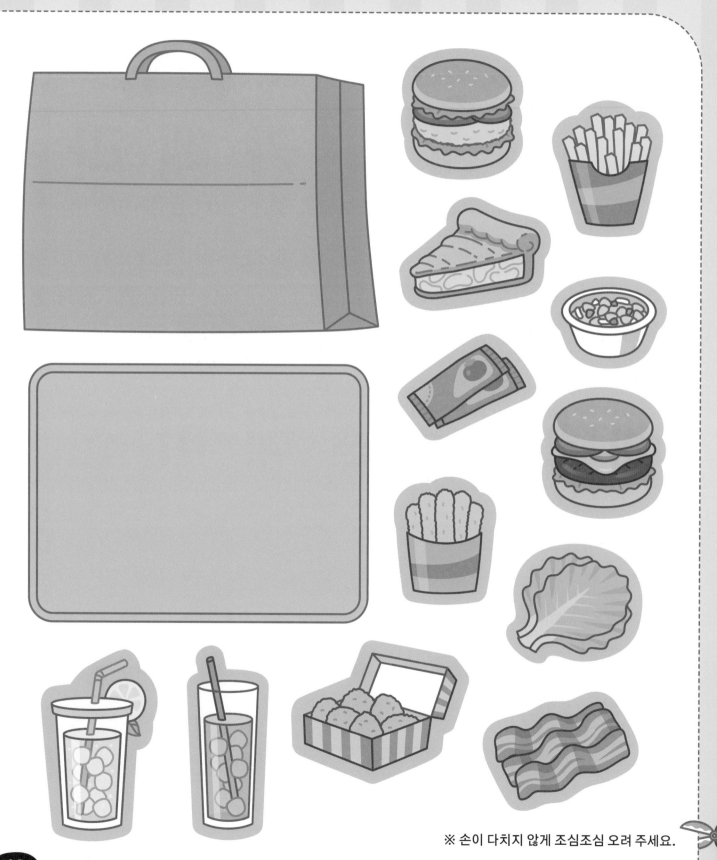

※ 손이 다치지 않게 조심조심 오려 주세요.

이전

매장에서 식사

포장하기

메뉴

| 불고기버거 | 새우 햄버거 | 애플파이 |
| 프렌치프라이 | 치킨너겟 | 콘샐러드 |

재료 추가 / 변경

야채　　케첩　　모차렐라 치즈스틱　　베이컨

음료

레모네이드　　오렌지주스

주문 내역 체크 후 결제하기

카드 / 간편결제　　　　　　　　　　영수증 나오는 곳

ㅐ, ㅔ 범인을 찾아라!

한글 탐정이 되어 **범인의 특징**을 읽어 보세요.

어깨에 무지개 색깔 핸드백을 멘
범인이 택시를 타고 사라졌어요!

☆ 잃어버린 **ㅐ**, **ㅔ** 글자를 알맞게 쓰고 소리 내어 읽어 보세요. ☆

 그ㄴ

 카 ㅁ 라

 트ㄱ 시

 힘 버 거

범인이 흘린 수첩이에요.
틀린 글자를 찾아 바르게 고쳐 써 보세요.

참 잘했어요!

예시
 1. 크래파스 레

 2. 애벌래

 3. 무지게

 4. 부체

☆ 그림에 맞게 빈칸을 채우고 범인을 찾아 스티커를 붙이세요. ☆

스티커

카	
늑	

를 먹는

스티커

	몬
	무

을 사는

21

ㅒ, ㅖ 모음

ㅒ, ㅖ 소리 알기 📢

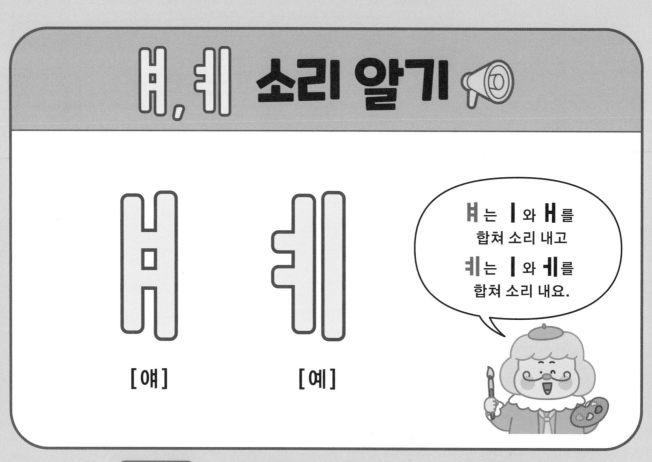

ㅒ
[얘]

ㅖ
[예]

ㅒ는 ㅣ와 ㅐ를 합쳐 소리 내고 ㅖ는 ㅣ와 ㅔ를 합쳐 소리 내요.

교육 tip ㅒ는 ㅖ보다 입을 더 크게 벌려 발음한다고 기억하면 쉬워요!

한 글자씩 소리 내어 읽고 ㅒ는 ⭕, ㅖ는 🔺를 표시해 보세요.

교육 tip ㅒ, ㅒ / ㅖ, ㅖ 처럼 획이 곧거나 구부러져도 같은 글자예요!

ㅒ, ㅖ 글자 읽는 방법

자음의 소리와 ㅒ, ㅖ 모음의 소리를
점점 빠르게 합쳐 읽어요.

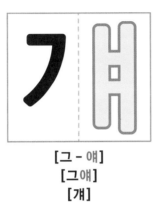

[그 - 얘]
[그얘]
[걔]

[그 - 예]
[그예]
[계]

ㅒ, ㅖ 낱말의 소리를 비교하며 크게 읽어 보세요.

모음 자음 소리	ㅒ 얘	ㅖ 예
ㄱ 그	걔	계
ㄴ 느	내	녜
ㄷ 드	댸	뎨
ㄹ 르	럐	례
ㅁ 므	먜	몌
ㅂ 브	뱨	볘
ㅅ 스	섀	셰

모음 자음 소리	ㅒ 얘	ㅖ 예
ㅇ	얘	예
ㅈ 즈	쟤	졔
ㅊ 츠	챼	쳬
ㅋ 크	컈	켸
ㅌ 트	턔	톄
ㅍ 프	퍠	폐
ㅎ 흐	햬	혜

교육 tip ㅇ은 초성에 쓰일 때 소릿값이 없어서 '얘, 예'는 모음만 읽으면 돼요.

ㅒ 읽기 연습

ㅒ와 ㅖ는 발음이 비슷해서 받아쓸 때에 헷갈리는 경우가 많아요.
낱말을 소리 내어 읽고 [보기]처럼 ㅒ 모음을 찾아 ⭕해 보세요.

보기	
 애	 쟤
 걔	 얘기
 얘기꾼	얘기책
 얘들아	뽀얘지다
하얘지다	

24

ㅖ 읽기 연습

낱말을 소리 내어 읽고 보기 처럼 ㅖ 모음을 찾아 ⭕ 해 보세요.

보기
 폐

 계단

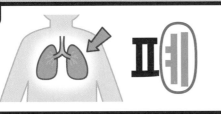 계란

 계절

 시계

 계산기

 예식장

 체온계

 예방주사

낱말 읽기

낱말을 읽고 낱말에 알맞은 스티커 를 찾아 붙여 보세요.

얘	계단	기계
스티커	스티커	스티커

가려진 글자는 무엇일까요? 알맞은 글자를 찾아 이어 보세요.

절 · · 얘

기 · · 혜

식 · · 예

바르게 쓴 낱말에  하고 큰 목소리로 읽어 보세요.

패	폐	재	제	계절	개절

낱말을 읽고 서로 어울리는 표현끼리 선으로 이어 보세요.

시계 ·   · 조잘조잘

애기 ·   · 굽이굽이

계곡 ·   · 똑딱똑딱

ㅒ 글자 쓰는 방법 ✏️

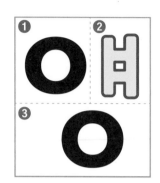

ㅒ 모음의 쓰는 순서

ㅒ 모음의 쓰는 순서 를 잘 기억해서!
❶ → ❷ → ❸
순서로 쓰면 돼요.

글자를 소리 내어 읽으며 순서에 맞게 써 보세요.

ㅒ	ㅒ			
얘	걔	냬	댸	럐
얭	걍	냥	댱	량

ㅖ 낱말 쓰기

낱말을 소리 내어 읽고 순서에 맞게 써 보세요.

걔

얘	기	책

얘

뽀	얘	지	다

쟤

하	얘	지	다

ㅖ 글자 쓰는 방법 ✏️

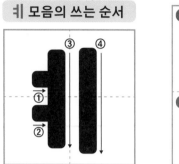

ㅖ 모음의 쓰는 순서

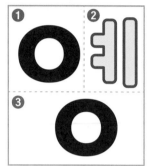

ㅖ 모음의 쓰는 순서 를 잘 기억해서!
❶ → ❷ → ❸
순서로 쓰면 돼요.

글자를 소리 내어 읽으며 순서에 맞게 써 보세요.

ㅖ	ㅖ			
예	계	녜	뎨	례
옝	곙	녱	뎽	롕

낱말 쓰기

낱말을 소리 내어 읽고 순서에 맞게 써 보세요.

폐

세	계	지	도

계	곡

지	폐

차	례

연	예	인

온	도	계

예약놀이 ✓

모니터 속 숫자를 보며 예약된 대로 전달해 주세요.

얘	걔	쟤	얘기꾼
시계 ①	시계 ①	시계 ◯	시계 ①
식혜 ②	식혜 ◯	식혜 ①	식혜 ①
계란빵 ②	계란빵 ◯	계란빵 ①	계란빵 ②
삼계탕 ②	삼계탕 ◯	삼계탕 ①	삼계탕 ①
예방 주사 ①	예방 주사 ①	예방 주사 ①	예방 주사 ◯

칼선

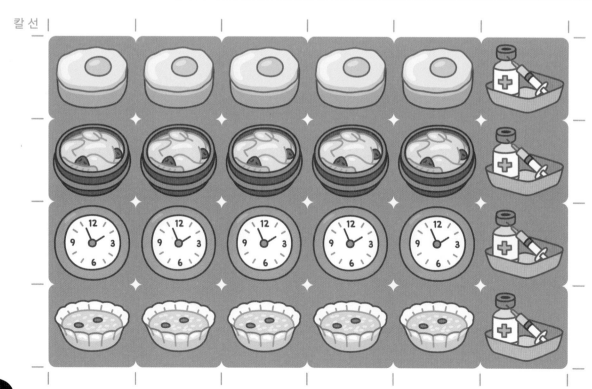

※ 손이 다치지 않게 조심조심 오려 주세요.

나는 개랑 있었던 일을
얘랑 얘기하고
쟤는 개랑 있었던 일을
얘기꾼이랑 얘기하고 있어요.

얘기꾼

개

쟤

나

애

ㅒ, ㅖ 범인을 찾아라!

한글 탐정이 되어 **범인의 특징**을 읽어 보세요.

예쁜 시계를 차고 얘기책을 든 범인이 계단으로 사라졌어요.

☆ 잃어버린 ㅒ, ㅖ 글자를 알맞게 쓰고 소리 내어 읽어 보세요. ☆

 시 ㄱ

 ㅇ 기 책

 ㄱ 곡

 ㄱ 산 기

 1. 예

 2. 게란

 3. 연얘인

 4. 온도게

☆ 그림에 맞게 빈칸을 채우고 범인을 찾아 스티커를 붙이세요. ☆

스티커

팔 |
를 차고
온 |
를 듦.

스티커

시 |
를 차고
기 |
을 듦.

ㅙ, ㅚ, ㅞ 모음

ㅙ, ㅚ, ㅞ 소리 알기 📢

ㅙ

[오-애]
[오애]
[왜]

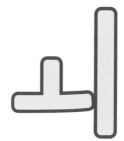

ㅚ

[외]

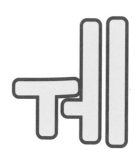

ㅞ

[우-에]
[우에]
[웨]

> ㅙ는
> ㅗ와 ㅐ를 합쳐
> 소리 내고

> ㅚ는
> 그냥 외워서
> ㅚ로 소리 내고

> ㅞ는
> ㅜ와 ㅔ를 합쳐
> 소리 내요.

교육 tip 모두 같은 소리 [웨]로 발음하면 쉬워요!

한 글자씩 소리 내어 읽고
ㅙ는 ◎, ㅚ는 △, ㅞ는 ▢를 표시해 보세요.

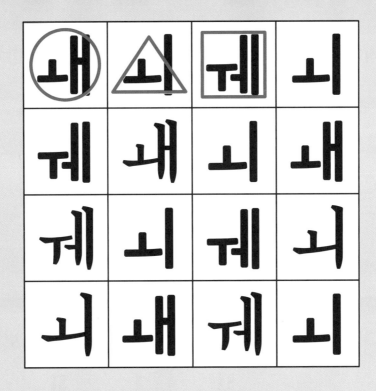

문장에서 ㅙ, ㅚ, ㅞ를 찾아
ㅙ 는 ◎, ㅚ 는 △, ㅞ 는 ▢를 표시해 보세요.

아기 돼지 삼 형제 집에 회색 옷을
입은 누군가가 문을 두드렸어요.

"문 좀 열어 주렴. 열쇠가 없구나!"

"누구신데요?"

"늑대가 아니고 외할머니란다.
너희들 입을 스웨터를 가지고 왔어."

교육 tip ㅙ, ㅙ / ㅚ, ㅚ / ㅞ, ㅞ 처럼 획이 곧거나 구부러져도 같은 글자예요!

ㅙ, ㅚ, ㅞ 글자 읽는 방법 📖

자음의 소리와 ㅙ, ㅚ 모음의 소리를 점점 빠르게 합쳐 읽어요.

[그 - 왜]
[그왜]
[괘]

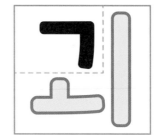

[그 - 외]
[그외]
[괴]

ㅙ, ㅚ, ㅞ 낱말의 소리를 비교하며 크게 읽어 보세요.

자음 \ 모음	ㅙ 왜	ㅚ 외	ㅞ 웨
ㄱ 그	괘	괴	궤
ㄴ 느	놰	뇌	눼
ㄷ 드	돼	되	뒈
ㄹ 르	뢔	뢰	뤠
ㅁ 므	뫠	뫼	뭬
ㅂ 브	봬	뵈	붸
ㅅ 스	쇄	쇠	쉐

자음의 소리와 ㅔ 모음의 소리를
점점 빠르게 합쳐 읽어요.

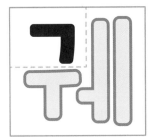

[그 - 웨]
[그웨]
[궤]

모음 자음 소리	ᅫ 왜	ᅬ 외	ᅰ 웨
ㅇ	왜	외	웨
ㅈ 즈	좨	죄	줴
ㅊ 츠	쵀	최	췌
ㅋ 크	쾌	쾨	퀘
ㅌ 트	퇘	퇴	퉤
ㅍ 프	퐤	푀	풰
ㅎ 흐	홰	회	훼

교육 tip ㅇ은 초성에 쓰일 때 소릿값이 없어서 '왜, 외, 웨'는 모음만 읽으면 돼요.

39

ㅙ 읽기 연습

ㅙ와 ㅚ와 ㅞ는 발음이 비슷해서 받아쓸 때에 헷갈리는 경우가 많아요.
낱말을 소리 내어 읽고 보기 처럼 ㅙ 모음을 찾아 ⭕ 해 보세요.

보기
 돼

 안 돼

 왜

 괭이

 돼지

 횃불

 괜찮다

 왜가리

 인쇄기

교육 tip 이번 단원을 여러 번 읽어 보세요. ㅙ, ㅚ, ㅞ 낱말을 구별하여 익히는데 큰 도움이 돼요.

 읽기 연습

보기 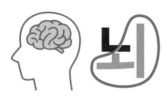 뇌

 괴물

 최고

 회사

 열쇠

 참외

 외계인

 회오리

 횡단보도

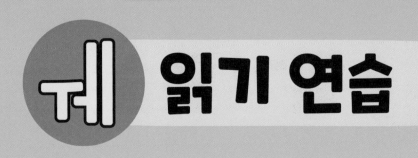 읽기 연습

낱말을 소리 내어 읽고 보기 처럼 ㅞ 모음을 찾아 ⭕ 해 보세요.

보기  훼손

 궤짝*

훼방

스웨덴

스웨터

웨이터

꿰뚫다

꿰매다

웨딩드레스

*궤짝 : 물건을 넣도록 나무로 네모나게 만든 그릇을 속되게 이르는 말

왠, 웬

왠과 웬은 일상 생활에서 자주 쓰이지만, 많이 헷갈리는 글자예요.
빈칸에 왠, 웬 스티커를 붙이고 읽어 보며 올바른 쓰임새를 익혀 보세요.

 스티커 지

왠 지 불길한 예감이 들어.

 스티커 떡이야!

에구, 이게 웬 떡이야!

 스티커 만하면

웬 만하면 숙제부터 하고 놀자!

 스티커 일이야!

여기서 만나다니 웬 일이야!

교육 tip 왠지만 왠으로 적고 나머지는 모두 웬으로 적으면 돼요.

낱말 읽기

낱말을 읽고 낱말에 알맞은 스티커 를 찾아 붙여 보세요.

훼손	회장	쇄골
스티커	스티커	스티커

가려진 글자는 무엇일까요? 알맞은 글자를 찾아 이어 보세요.

가리 ·   · 외

이터 ·   · 왜

계인 ·   · 웨

바르게 쓴 낱말에 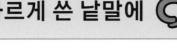 하고 큰 목소리로 읽어 보세요.

| 외 | 왜 | 안 돼 | 안 되 | 홰방 | 훼방 |

낱말을 읽고 서로 어울리는 표현끼리 선으로 이어 보세요.

꾀꼬리	·	·	보글보글
된장찌개	·	·	꿀꿀
돼지	·	·	꾀꼴꾀꼴

ㅙ 글자 쓰는 방법

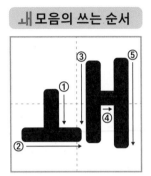
ㅙ 모음의 쓰는 순서

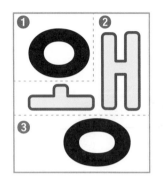

ㅙ 모음의 쓰는 순서 를
잘 기억해서!
① → ② → ③
순서로 쓰면 돼요.

글자를 소리 내어 읽으며 순서에 맞게 써 보세요.

ㅙ	ㅙ			
왜	괘	놰	돼	뢔
왱	괭	놰	됑	뢩

ㅙ 낱말 쓰기

낱말을 소리 내어 읽고 순서에 맞게 써 보세요.

왜	돼	지		왜	가	리

 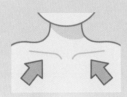 

괭	이		쇄	골		횃	불

괜	찮	다		인	쇄	기

47

ㅚ 글자 쓰는 방법 ✏️

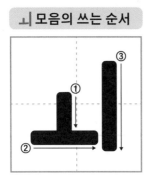

ㅚ모음의 쓰는 순서

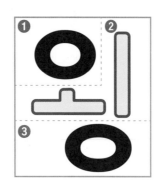

ㅚ모음의 쓰는 순서 를
잘 기억해서!
❶ → ❷ → ❸
순서로 쓰면 돼요.

글자를 소리 내어 읽으며 순서에 맞게 써 보세요.

ㅚ	ㅚ			
외	괴	뇌	되	뢰
욍	굉	뇡	됭	룅

낱말 쓰기

낱말을 소리 내어 읽고 순서에 맞게 써 보세요.

뇌	괴	물	자	물	쇠

된	장	외	투	왼	쪽

회	색	외	할	머	니

ㅞ 글자 쓰는 방법

ㅞ 모음의 쓰는 순서

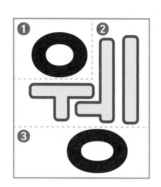

ㅞ 모음의 쓰는 순서 를
잘 기억해서!

❶ → ❷ → ❸
순서로 쓰면 돼요.

글자를 소리 내어 읽으며 순서에 맞게 써 보세요.

ㅞ	ㅞ			
웨	궤	눼	뒈	뤠
웽	궹	눵	뒝	뤵

ㅞ 낱말 쓰기

낱말을 소리 내어 읽고 순서에 맞게 써 보세요.

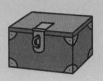

궤	짝

훼	방

훼	손

스	웨	터

꿰	매	다

웨	딩	드	레	스

누가 더 빨리 맞추나?

ㅙ, ㅚ, ㅞ 낱말을 완성하는 게임이에요.
게임 방법을 잘 읽고 재미있게 즐겨 보세요.

게임 방법　　※ 한 사람씩 돌아가며 하는 게임이에요.

1. 한 글자 카드를 섞어요.
2. 게임 시작과 동시에 시간을 재요.
3. 그림에 알맞은 글자를 찾아서 빈칸에 올려요.
4. 모든 빈칸이 채워지면 시간을 멈춰요.
   더 빠르고 정확하게 맞춘 사람이 승리해요.

칼선

돼	돼	돼	왜	왜
회	회	외	외	외
외	외	외	최	쇠
쇠	괴	웨	웨	웨
훼	계	되	괘	홰

53

할아버지	할머니	삼 촌
숙 모	고	자 물
열	물	스 터
딩드레스	방	이 터

ㅙ, ㅚ, ㅞ 범인을 찾아라!

한글 탐정이 되어 범인의 특징을 읽어 보세요.

회색 스웨터를 입은 범인이 횡단보도 왼쪽으로 회오리처럼 사라졌어요.

☆ 잃어 버린 ㅙ, ㅚ, ㅞ 글자를 알맞게 쓰고 소리 내어 읽어 보세요. ☆

 흥 색   근 찮 다

 츳 고   ㄲ 매 다

범인이 흘린 수첩이에요.
틀린 글자를 찾아 바르게 고쳐 써 보세요.

 1. 되지

 2. 왠쪽

 3. 참왜

 4. 횅단보도

그림에 맞게 빈칸을 채우고 범인을 찾아 스티커를 붙이세요.

스티커

| 스 | | |

를 입은

| | | 인 |

스티커

| | | 드 | 스 |

를 입은

| | 물 |

과, 궈 모음

과, 궈 소리 알기 📢

과 [와]　　　궈 [워]

> 과는 ㅗ와 ㅏ를 합쳐 소리 내고 궈는 ㅜ와 ㅓ를 합쳐 소리 내요.

한 글자씩 소리 내어 읽고 과는 ◯, 궈는 △를 표시해 보세요.

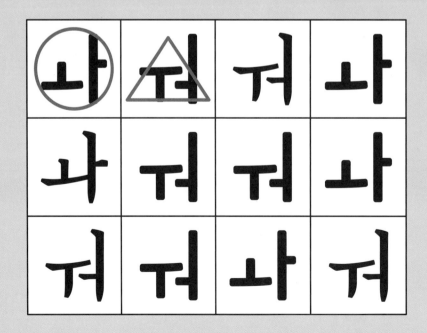

교육 tip　과, 과 / 궈, 궈 처럼 획이 곧거나 구부러져도 같은 글자예요!

58

ㅘ, ㅝ 글자 읽는 방법

자음의 소리와 ㅘ, ㅝ 모음의 소리를
점점 빠르게 합쳐 읽어요.

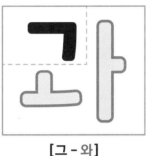

[그 - 와]
[그와]
[과]

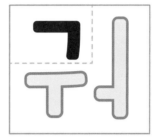

[그 - 워]
[그워]
[궈]

ㅘ, ㅝ 낱말의 소리를 비교하며 크게 읽어 보세요.

모음 자음 소리	ㅘ 와	ㅝ 워
ㄱ ㄱ	과	궈
ㄴ ㄴ	놔	눠
ㄷ ㄷ	돠	둬
ㄹ ㄹ	롸	뤄
ㅁ ㅁ	뫄	뭐
ㅂ ㅂ	봐	붜
ㅅ ㅅ	솨	숴

모음 자음 소리	ㅘ 와	ㅝ 워
ㅇ	와	워
ㅈ ㅈ	좌	줘
ㅊ ㅊ	촤	춰
ㅋ ㅋ	콰	쿼
ㅌ ㅌ	톼	퉈
ㅍ ㅍ	퐈	풔
ㅎ ㅎ	화	훠

교육 tip ㅇ은 초성에 쓰일 때 소릿값이 없어서 '와, 워'는 모음만 읽으면 돼요.

 읽기 연습

낱말을 소리 내어 읽고 보기 처럼 ㅘ 모음을 찾아 ⭕ 해 보세요.

보기
 만화

 사과

 화가

 화분

 화살

 화장

 과학자

 무궁화

 영화관

 화요일

교육 tip 이번 단원을 여러 번 읽어 보세요. ㅘ, ㅝ 낱말을 구별하여 익히는데 큰 도움이 돼요.

 # 읽기 연습

낱말을 소리 내어 읽고 [보기] 처럼 ㅝ 모음을 찾아 ◯ 해 보세요.

[보기]  샤워

 궁궐

 타워

 병원

 고마워

 뜨거워

 동물원

 원두막

 원숭이

 유치원

낱말 읽기

낱말을 읽고 낱말에 알맞은 스티커 를 찾아 붙여 보세요.

소화기	월요일	반가워
스티커	스티커	스티커

가려진 글자는 무엇일까요? 알맞은 글자를 찾아 이어 보세요.

기 · · 워

가 · · 와

샤 · · 화

바르게 쓴 낱말에 하고 큰 목소리로 읽어 보세요.

| 왕 | 앙 | 왕자 | 환자 | 타워 | 타월 |

낱말을 읽고 서로 어울리는 표현끼리 선으로 이어 보세요.

꿩 · · 화르르

기와 · · 와장창

화산 · · 훨훨

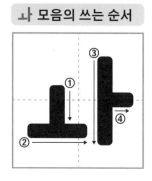

ㅘ 글자 쓰는 방법 ✏️

ㅘ 모음의 쓰는 순서

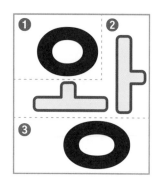

ㅘ모음의 쓰는 순서 를
잘 기억해서!

❶ → ❷ → ❸
순서로 쓰면 돼요.

글자를 소리 내어 읽으며 순서에 맞게 써 보세요.

ㅘ	ㅘ			
와	과	놔	돠	롸
왕	광	놩	똉	룅

낱말 쓰기

낱말을 소리 내어 읽고 순서에 맞게 써 보세요.

과	자	과	녁	기	와

왕	관	전	화	화	해

교	과	서	화	장	실

ㅝ 글자 쓰는 방법 ✏️

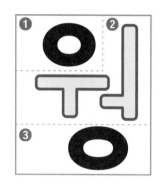

ㅝ 모음의 쓰는 순서

ㅝ 모음의 쓰는 순서 를
잘 기억해서!
① → ② → ③
순서로 쓰면 돼요.

글자를 소리 내어 읽으며 순서에 맞게 써 보세요.

ㅝ	ㅝ			
워	궈	눠	둬	뤄
웡	궝	눵	뒝	뤵

66

낱말을 소리 내어 읽고 순서에 맞게 써 보세요.

꿩

권투

샤워

공원

병원

입원

원숭이

태권도

우리 동네

우리 동네에 어떤 장소가 있을까요? 소리 내어 읽으며 색칠해 보세요.

동물원

과수원

과학관

유치원

병원
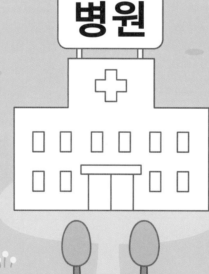

태권도 학원

과일 가게

과자점

만화방

영화관

궁궐

도서관

공원

화장실

미장원

박물관

백화점

치과

ㅗ, ㅝ 범인을 찾아라!

한글 탐정이 되어 **범인의 특징**을 읽어 보세요.

소화기로 미술관 불을 끄고 보니
꿩 화가의 사과 작품이 사라졌어요!

☆ 잃어버린 ㅗ, ㅝ 글자를 알맞게 쓰고 소리 내어 읽어 보세요. ☆

 ㅎ 산   도 서 ㄹ

 ㄱ 일   유 치 ㅇ

 1. 가자

 2. 백하점

 3. 왕간

 4. 병언

그림에 맞게 빈칸을 채우고 범인을 찾아 스티커를 붙이세요.

스티커

분 을 든

스티커

그림을 든

치

ㅟ, ㅢ 모음

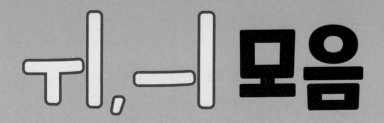

ㅟ, ㅢ 소리 알기 📣

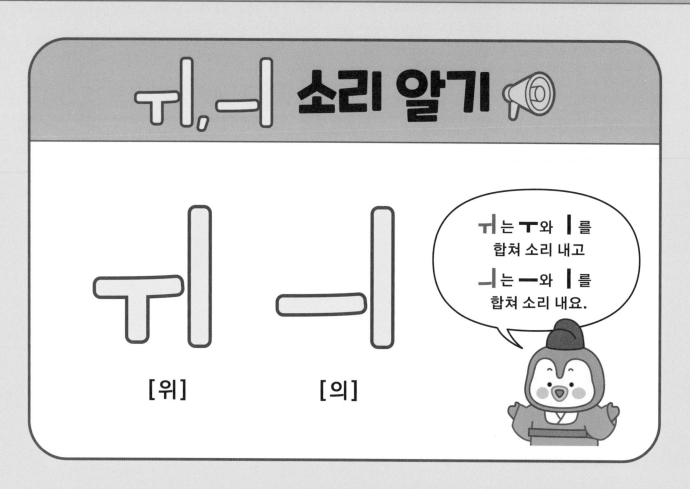

ㅟ
[위]

ㅢ
[의]

> ㅟ는 ㅜ와 ㅣ를 합쳐 소리 내고 ㅢ는 ㅡ와 ㅣ를 합쳐 소리 내요.

한 글자씩 소리 내어 읽고 ㅟ는 ⭕, ㅢ는 🔺를 표시해 보세요.

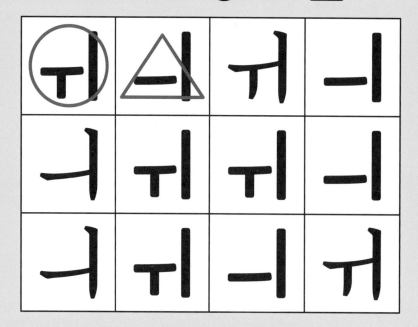

교육 tip ㅟ, ㅟ / ㅢ, ㅢ 처럼 획이 곧거나 구부러져도 같은 글자예요!

72

ᅱ, ᅴ 글자 읽는 방법

자음의 소리와 ᅱ, ᅴ 모음의 소리를
점점 빠르게 합쳐 읽어요.

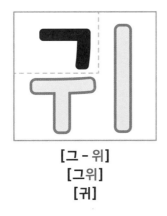

[그 - 위]
[그위]
[귀]

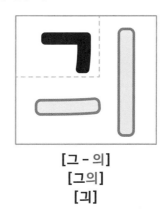

[그 - 의]
[그의]
[긔]

ᅱ, ᅴ 낱말의 소리를 비교하며 크게 읽어 보세요.

자음 \ 모음	ᅱ (위)	ᅴ (의)
ㄱ (그)	귀	긔
ㄴ (느)	뉘	늬
ㄷ (드)	뒤	듸
ㄹ (르)	뤼	릐
ㅁ (므)	뮈	믜
ㅂ (브)	뷔	븨
ㅅ (스)	쉬	싀

자음 \ 모음	ᅱ (위)	ᅴ (의)
ㅇ	위	의
ㅈ (즈)	쥐	즤
ㅊ (츠)	취	츼
ㅋ (크)	퀴	킈
ㅌ (트)	튀	틔
ㅍ (프)	퓌	픠
ㅎ (흐)	휘	희

교육 tip ㅇ은 초성에 쓰일 때 소릿값이 없어서 '위, 의'는 모음만 읽으면 돼요.

 **ㅟ 읽기 연습**

낱말을 소리 내어 읽고 보기 처럼 ㅟ 모음을 찾아 ⭕ 해 보세요.

보기
 박쥐

 더위

 추위

 퀴즈

 튀김

 펭귄

 귀마개

 스위치

 주사위

 휘파람

교육 tip 이번 단원을 여러 번 읽어 보세요. ㅟ, ㅢ 낱말을 구별하여 익히는데 큰 도움이 돼요.

 # 읽기 연습

낱말을 소리 내어 읽고 보기 처럼 ㅢ 모음을 찾아 ⊙ 해 보세요.

보기
 의견

 예의

 의문

 의사

 의상

 의자

 회의

 흰곰

 흰색

 흰나비

낱말 읽기

낱말을 읽고 낱말에 알맞은 스티커 를 찾아 붙여 보세요.

바위	의자	취소
스티커	스티커	스티커

가려진 글자는 무엇일까요? 알맞은 글자를 찾아 이어 보세요.

거 · · 위

험 · · 의

사 · · 위

바르게 쓴 낱말에 ⬭ 하고 큰 목소리로 읽어 보세요.

취미	치미

가의	가위

바퀴	바키

낱말을 읽고 서로 어울리는 표현끼리 선으로 이어 보세요.

귀뚜라미 ·   · 희끗희끗

펭귄 ·   · 뒤뚱뒤뚱

흰머리 ·   · 귀뚤귀뚤

77

ㅟ 글자 쓰는 방법 ✏️

 ㅟ 모음의 쓰는 순서

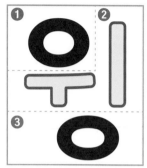

ㅟ 모음의 쓰는 순서 를 잘 기억해서!
1 → **2** → **3**
순서로 쓰면 돼요.

글자를 소리 내어 읽으며 순서에 맞게 써 보세요.

ㅟ	ㅟ			
위	귀	뉘	뒤	뤼
윙	귕	닁	뒹	륑

ㅟ 낱말 쓰기

낱말을 소리 내어 읽고 순서에 맞게 써 보세요.

| 귀 | 뒤 | 위 | 쥐 |

| 가 위 | 방 귀 | 키 위 |

| 까 마 귀 | 지 휘 자 |

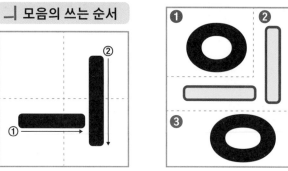 # 글자 쓰는 방법 ✏️

ㅢ 모음의 쓰는 순서

ㅢ 모음의 쓰는 순서 를
잘 기억해서!

❶ → ❷ → ❸
순서로 쓰면 돼요.

글자를 소리 내어 읽으며 순서에 맞게 써 보세요.

ㅢ	ㅢ			
의	긔	늬	듸	릐
윙	귕	닁	딍	링

ㅢ 낱말 쓰기

낱말을 소리 내어 읽고 순서에 맞게 써 보세요.

무 늬 예 의 의 사

의 자 회 의 흰 색

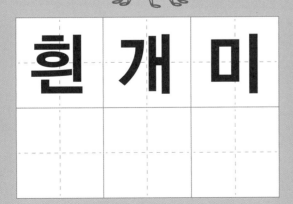

흰 개 미 흰 나 비

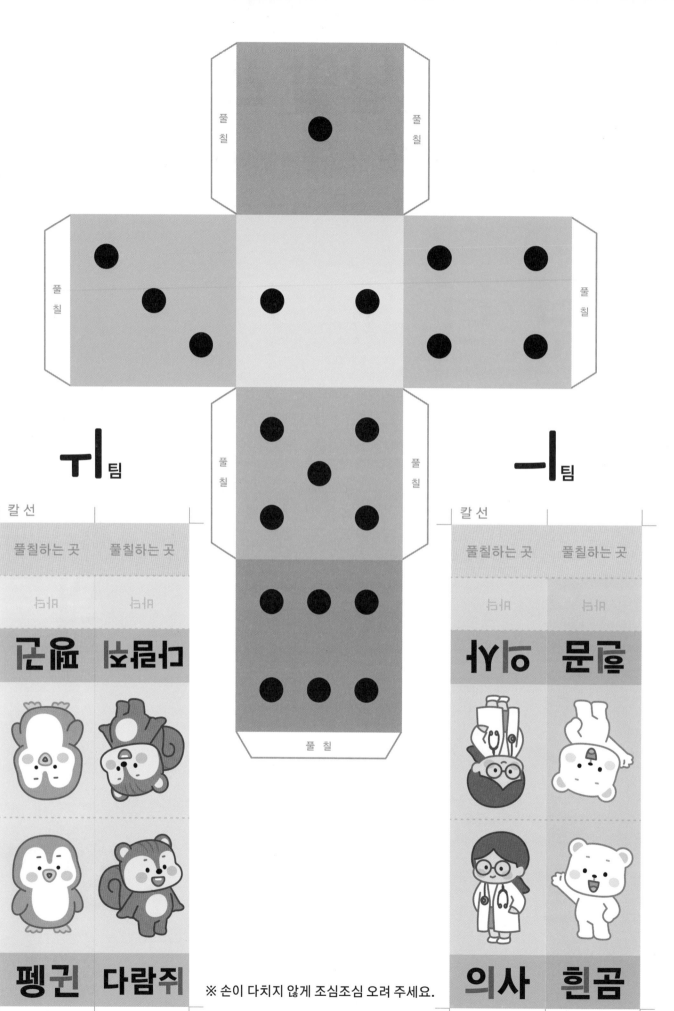

※ 손이 다치지 않게 조심조심 오려 주세요.

주사위 놀이

 게임 설명

주사위를 던져 모든 말이 게임판을 먼저 나오면 승리하는 게임

 게임 구성

- ㅟ 팀 말 : 다람쥐, 펭귄
- ㅢ 팀 말 : 의사, 흰곰
- 주사위
- 게임판

 게임 방법

1. 가위바위보를 이긴 사람이 먼저 주사위를 던진다.
2. 나온 주사위의 수만큼 말을 이동시킨다.
3. 말이 멈춘 자리에 적힌 글자를 읽는다.
4. 정확히 읽지 못하면 상대방에게 차례가 간다.
5. 모든 말이 먼저 도착하는 사람이 승리한다.

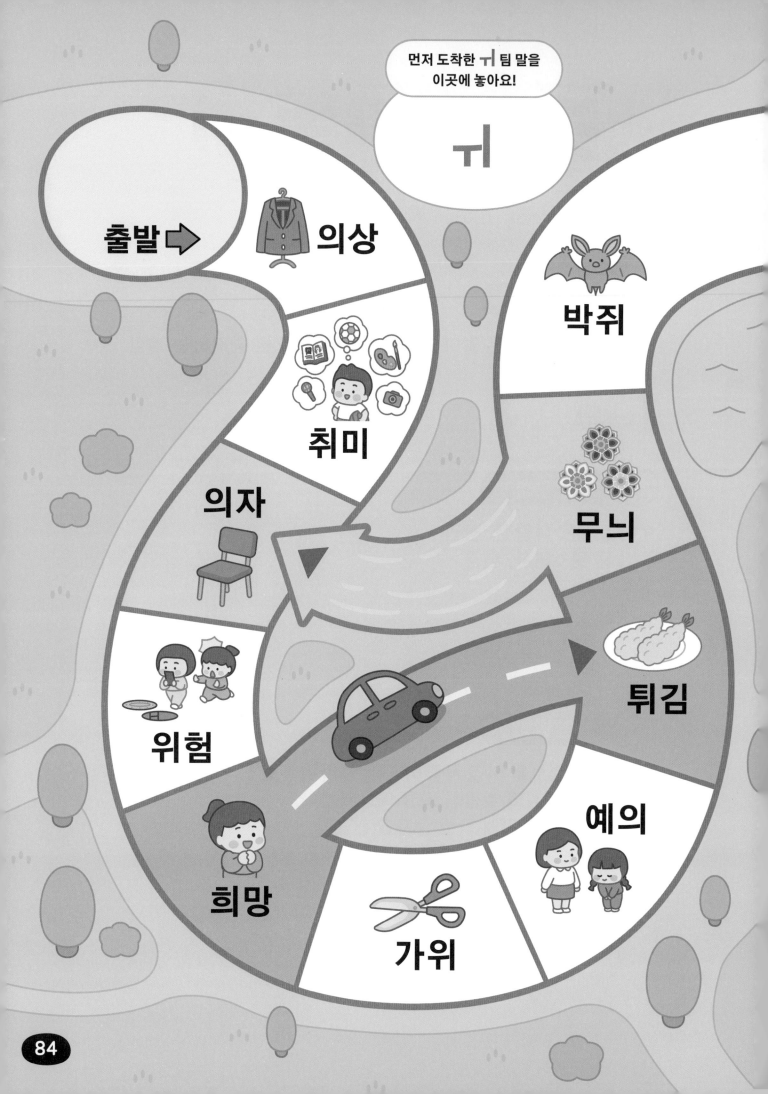

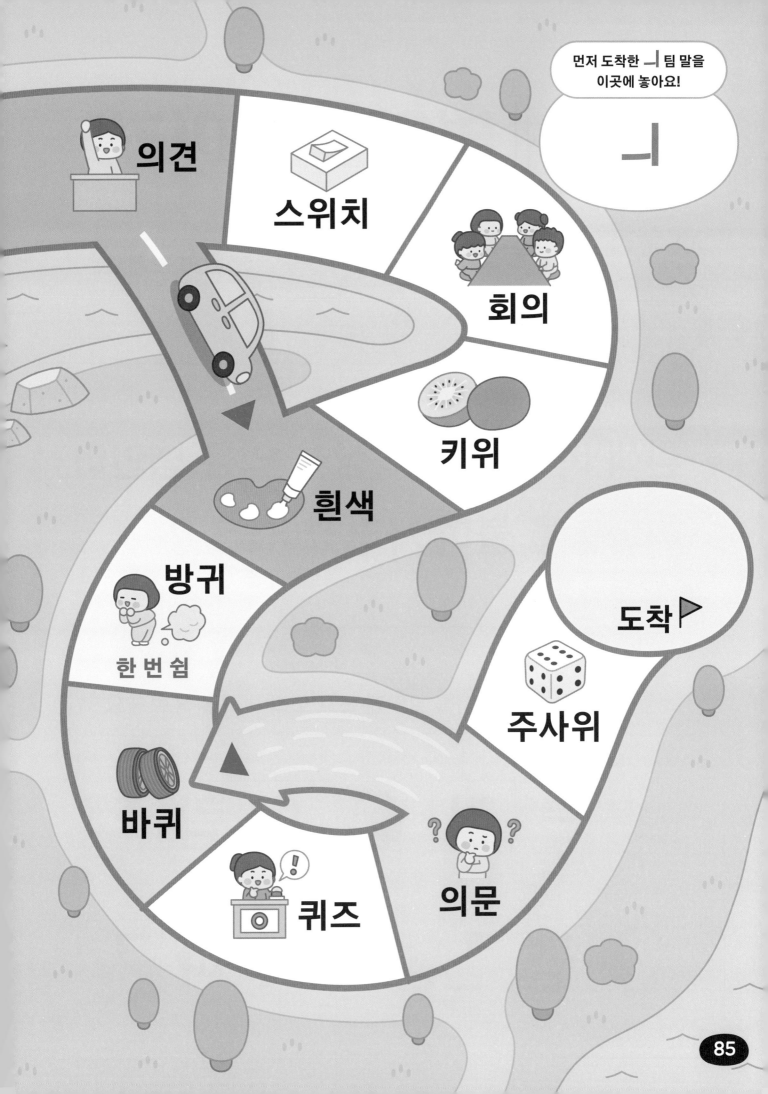

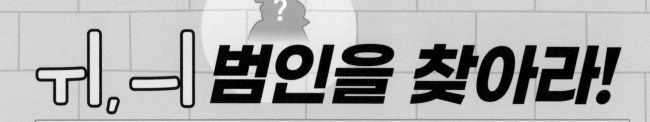

ㅟ, ㅢ 범인을 찾아라!

한글 탐정이 되어 **범인의 특징**을 읽어 보세요.

흰색 바퀴 무늬 의상을 입은 범인이 휘파람을 불며 사라졌어요!

☆ 잃어버린 ㅟ, ㅢ 글자를 알맞게 쓰고 소리 내어 읽어 보세요. ☆

 튀김   다람쥐

 펭귄   사마귀

범인이 흘린 수첩이에요.
틀린 글자를 찾아 바르게 고쳐 써 보세요.

참 잘했어요!

 1. 가이

 2. 박지

 3. 이자

 4. 힌곰

☆ 그림에 맞게 빈칸을 채우고 범인을 찾아 스티커를 붙이세요. ☆

스티커

	자

에 앉은

스티커

를 뀌는

	마

87

최종 다지기

그림에 알맞은 글자에 ⭕ 하세요.

얘	걔	쟤

외	왜	웨

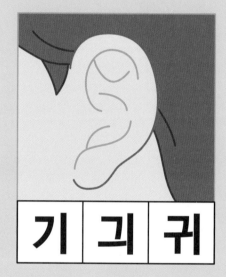

기	긔	귀

뱨	배	베

걔	계	게

듸	뒤	되

낱말을 읽고 알맞은 스티커 를 붙여 보세요.

예쁘다   스티커

얘들아   스티커

괜찮다   스티커

귀찮다   스티커

씌우다   스티커

띄우다   스티커

흉내 내는 말

어떤 소리나 모양, 움직임을 나타내는 말을 **흉내 내는 말**이라고 해요.
그림에 어울리는 표현은 무엇일까요? 알맞은 것에 ◎ 하세요.

데굴데굴	휘청휘청

실룩샐룩	쌔근쌔근

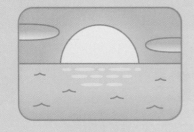

뒤뚱뒤뚱	뉘엿뉘엿

뭉게뭉게	절레절레

와작와작	와들와들

반대말

반대말은 서로 뜻이 반대되는 말이에요.
차례대로 읽고 그림에 해당하는 말에 ⟲ 하세요.

(더위 , 추위)

(깨끗해 , 더러워)

(가까워 , 멀어)

(차가워 , 뜨거워)

(타다 , 내리다)

(가벼워 , 무거워)

같은 말, 다른 뜻

빈칸에 공통으로 들어가는 낱말을 보기에서 찾아 쓰세요.

보기   배, 사과, 고개

가 높다.

를 들다.

를 먹다.

를 하다.

를 타다.

를 먹다.

가 부르다.

세는 말

빈칸에 공통으로 들어가는 낱말을 [보기]에서 찾아 쓰세요.

[보기] **켤레, 대, 채, 권**

장갑 한 ☐

구두 두 ☐

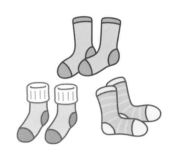

양말 세 ☐

비행기 한 ☐

자전거 두 ☐

오토바이 세 ☐

자동차 네 ☐

집 한 ☐ 이불 두 ☐

공책 한 ☐

책 두 ☐

소중한 나의 하루

그림에 알맞은 낱말을 보기 에서 찾아 쓰세요.

보기 산책, 샤워, 샌드위치, 모래놀이, 유치원, 세수, 체조, 책, 화장실

꿈	나	라	여	행

즐거운 일주일

나의 일주일을 그림으로 그렸어요. 문제를 읽고 답해 보세요.

월 화 수 목 금 토 일

1.월요일에는 어디를 다녀왔나요?
① 가게 ② 치과 ③ 동물원

2. 도서관에는 무슨 요일에 갔나요?
① 월요일 ② 화요일 ③ 목요일

3. 친구랑 무엇을 하고 놀았나요?
① 책 읽기 ② 게임 ③ 그네타기

한 달 계획표

달력에 적힌 계획대로 스티커 를 붙여 예쁘게 꾸며 보세요.

7월

일	월	화	수	목	금	토
	은행 스티커 1		그네 스티커 3	도서관 스티커 4		내 생일 스티커 6
					5	
과학관 스티커 7		예방주사 스티커 9		치과 스티커 11		영화관 스티커 13
	8		10		12	
	태권도 스티커 15			배드민턴 스티커 18		동물원 스티커 20
14		16	17		19	
외삼촌 결혼 스티커 21		동생 발표회 스티커 23		회의 스티커 25		박물관 스티커 27
	22		24		26	
제주도 여행 스티커 28	스티커 29	스티커 30	31			

일 년 사계절

보기 처럼 각 계절에 어울리는 것을 선으로 이어 보세요.

보기

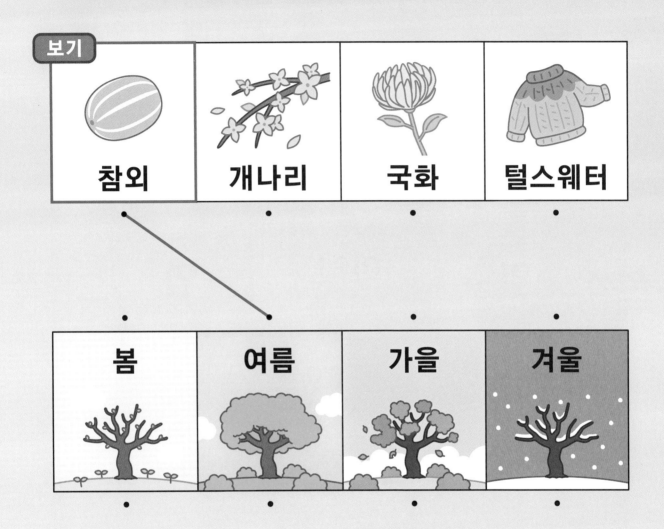

| 참외 | 개나리 | 국화 | 털스웨터 |

| 봄 | 여름 | 가을 | 겨울 |

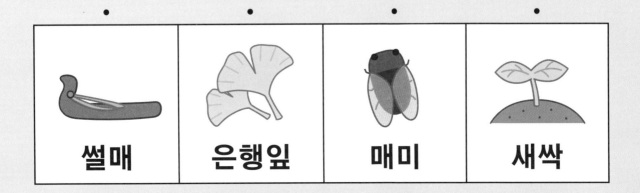

| 썰매 | 은행잎 | 매미 | 새싹 |

방향

동그란 공이 여러 군데에 있어요.
방향을 가리키는 낱말을 읽어 보세요.

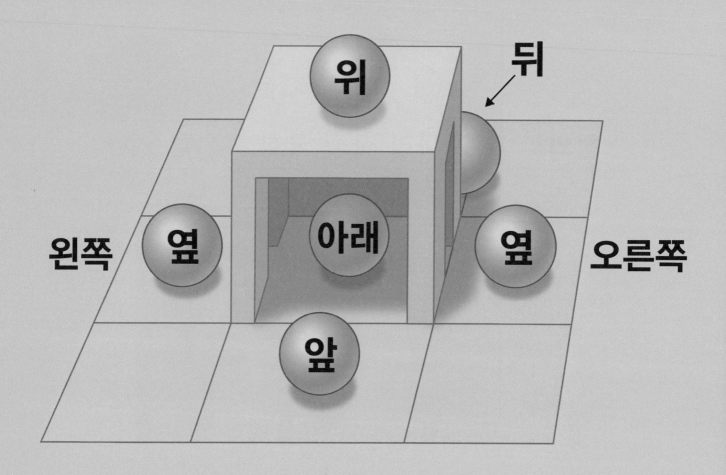

뒤

위

왼쪽

옆

아래

옆

오른쪽

앞

칼 선

풍이 　 워리 　 다람쥐 　 돼지 　 펭귄 　 흰곰

※ 손이 다치지 않게 조심조심 오려 주세요.

아래의 문장을 읽고 친구들을 알맞게 세워 보세요.

① 계단 위 광장에 풍이를 세워요.

② 태극기 앞에 워리를 세워요.

③ 계단에 아래에 흰곰을 세워요.

④ 흰곰 오른쪽 옆에 돼지를 세워요.

⑤ 태극기 왼쪽에 펭귄을 세워요.

⑥ 태극기 오른쪽에 다람쥐를 세워요.

우리가족

흐릿한 글자를 진하게 써 보고 글자에 알맞은 스티커 를 붙여 보세요.

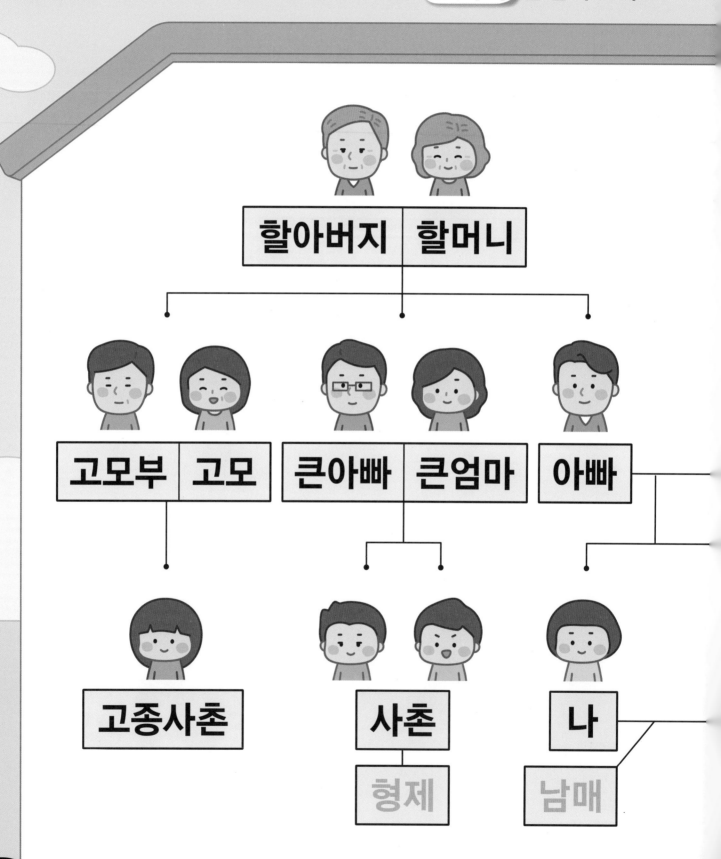

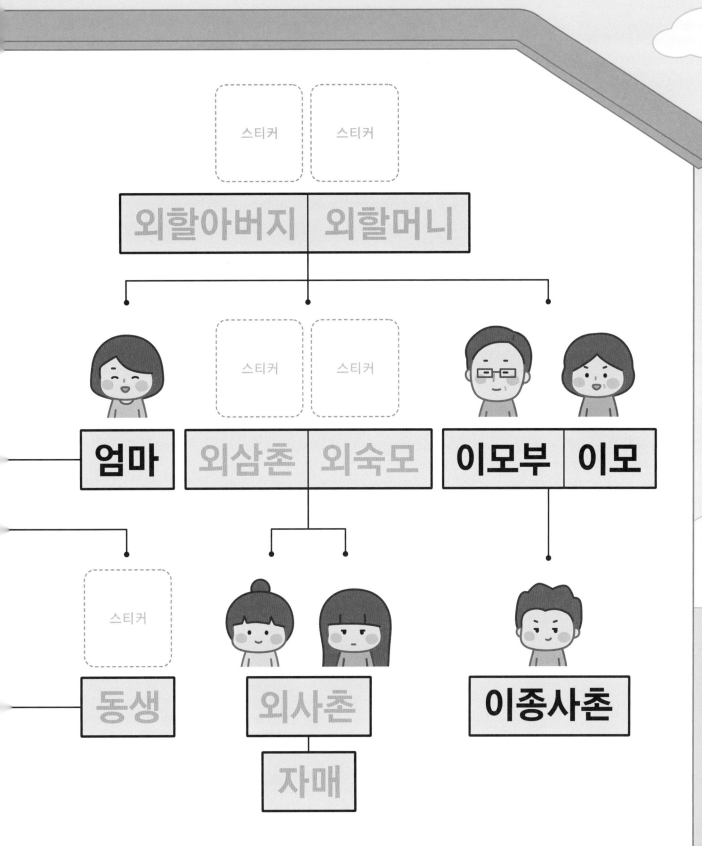

외할아버지 | 외할머니

엄마 | 외삼촌 | 외숙모 | 이모부 | 이모

동생 | 외사촌 | 이종사촌

자매

우리나라

우리나라를 대표하는 상징들을 색칠하며 자랑스럽게 읽어 보세요.

대한민국

우리나라 이름

우리나라 국가

애국가

보통 빠르게   안익태 작곡

1. 동해 물과 백두산이 마르고닳도록
2. 남산 위에 저소나무 철갑을 두른 듯
3. 가을 하늘 공활한데 높고구름없이
4. 이 기상과 이맘으로 충성을 다하여

하 느님이 보 우-하사 우리 나라만 세
바 람서리 불 변-함은 우리 기상일 세
밝 은달은 우 리-가슴 일편 단심일 세
괴 로우나 즐 거-우나 나라 사랑하 세

(후렴) 무 -궁화 삼 -천리 화려강 - 산

대 한사람 대한-으로 길이 보전하 세

태극기

우리나라 국기

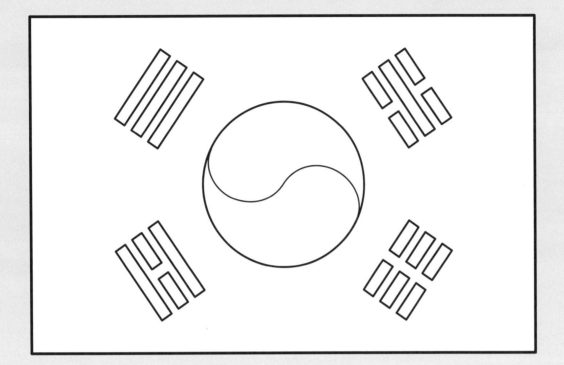

무궁화

우리나라 꽃

가게놀이

'계산할 물건을 여기에 올려 놓으세요'

7	8	9	÷	정정
4	5	6	×	취소
1	2	3	−	계산
.	0	+/−	+	

백 원
놓는 곳

오백 원
놓는 곳

천 원권
놓는 곳

오천 원권
놓는 곳

만 원권
놓는 곳

오만 원권
놓는 곳

보기 처럼 손님이 산 물건에 대한 정보를 빈칸에 적어 보세요.

품목	금액
보기 과자	천 원

품목	금액

손님	❶ 사려는 물건을 계산대 위에 올려요. ❷ 물건 값만큼 주인에게 돈을 내요.
가게 주인	❶ 스캐너로 찍으며 물건 값을 계산해요. ❷ 손님에게 받은 돈을 현금 통에 넣어요. ❸ 손님이 산 물건 정보를 빈칸에 적어요.

절
취
선

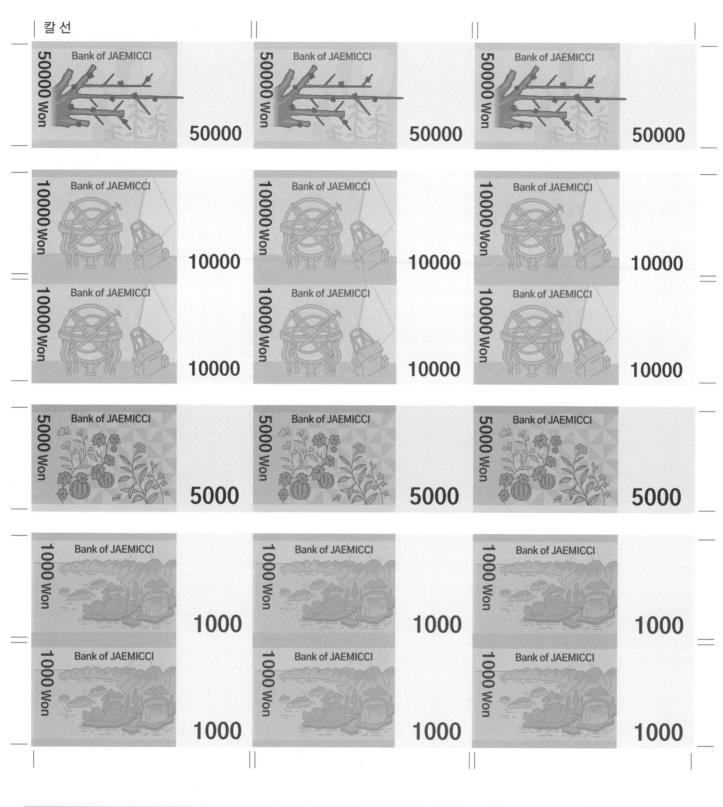

칼 선

과자 천 원	새우 만 천원	조개 육천 원	계란 칠천 원	참외 삼천 원
케이크 삼만 천 원	빨래 세제 이만 원	배 사천 원	레몬 이천 원	카레 이천백 원
냄비 만 오천 원	와이셔츠 사만원	화장지 만 칠천 원	화장품 이만 이천 원	된장 팔천오백 원
크레파스 오천사백 원	색종이 천 원	냉면 칠천팔백 원	스웨터 삼만 오천 원	카메라 오만 오천 원
텔레비전 칠만 원	베개 만 오천 원	샌드위치 팔천팔백 원	케첩 삼천백 원	넥타이 삼만 원
쓰레기통 만 사천 원	돼지고기 만 육천 원	운동화 사만 원	튀김 구천 원	키위 이천 원
의자 이만 육천 원	시계 오만 원	체온계 사만 사천 원	식혜 천오백 원	얘기책 만 팔천 원

109

세종대왕상

이름 _____

위 어린이는 복잡한 모음을
읽고 쓰려고 끝까지 노력했기에
이 상장을 드립니다.

년 월 일

세종대왕